Zu diesem Buch: Bettina Wegner, die wohl beste Liedermacherin der DDR, ist «eine leidenschaftliche Person, die nie Erwartungen erfüllt, wenn sie dabei lügen oder weghören müßte. Ihre Verse sind Liedertexte. Mal stehen sie Gedichten sehr nahe, mal kommen sie wie Schlager daher. Sie handeln von Liebe und noch mal Liebe, Liebe zu dem Land, in dem man aufgewachsen ist, mit dem man sich herumschlägt in der Hoffnung auf Sozialismus. Sie spricht von Leuten, aus denen nichts geworden ist. Der junge Mann vom Dorf bleibt fremd in der Stadt und resigniert; die HO-Verkäuferin endigt ihr Leben mit Tabletten; die Rentner in der Ackerhalle sehen verwirrt aus und begreifen den Geldwechselautomaten nicht. Andere Lieder stekken randvoller Fernweh, *die* DDR-Definition von Paris wird gegeben. Und immer stellt sie reinen Herzens unbefangen gesellschaftliche Zustände fest und in Frage, verdrängt und beschönigt nichts; ist ziemlich respektlos, sagt WIR» (Sarah Kirsch).

Bettina Wegner wurde 1947 in Berlin geboren. Sie erlernte den Beruf eines Bibliotheksfacharbeiters und besuchte anschließend von 1966 bis 1968 die Schauspielschule in Berlin. Ihr Protest gegen den Einmarsch der Truppen in die ČSSR führte zur Haftstrafe, die später ausgesetzt wurde, und zur Exmatrikulation. Anschließend war sie als Siebdruckerin im EAW Treptow tätig. 1971/1972 besuchte sie das Zentrale Studio für Unterhaltungskunst. Seit 1973 lebt Bettina Wegner als freiberufliche Liedermacherin in Berlin (Ost). Sie ist mit dem Schriftsteller Klaus Schlesinger verheiratet und hat drei Kinder.

Bettina Wegner

# Wenn meine Lieder nicht mehr stimmen

Mit einem Vorwort
von Sarah Kirsch

Rowohlt

1.-15. Tausend Mai 1979
16.-23. Tausend Juli 1979
24.-33. Tausend November 1979
34.-45. Tausend Februar 1980

Erstausgabe
Veröffentlicht im Rowohlt Taschenbuch Verlag GmbH,
Reinbek bei Hamburg, Mai 1979
Copyright © 1979 by Rowohlt Taschenbuch Verlag
GmbH, Reinbek bei Hamburg
Alle Rechte vorbehalten
Umschlagentwurf Werner Rebhuhn
Gesamtherstellung Clausen & Bosse, Leck
Satz Garamond (Linotron 505 C)
Printed in Germany
480-ISBN 3 499 14399 2

Für Klaus, Claudia, Sarah und alle,
die mir geholfen haben, weiter zu singen

Bunter Vogel, Flügel gestutzt oder:
Wo sind wir denn bloß hingekommen . . .

Eines Tages wurde in der DDR die Singebewegung ausgerufen. In Städten und Dörfern schossen Singeklubs wie Pilze aus dem Boden. Man gab dem internationalen Trend nach und verband diesmal das Unvermeidliche mit dem Nützlichen. In Berlin wurde ein Zentrales Studio für Unterhaltungskunst eingerichtet, Möglichkeit einer musikalischen Ausbildung für junge Leute. Wenn sie die Abschlußprüfung bestanden, steckte ihnen der Berufsausweis in der Tasche mit einer Einstufung als Schlagersänger, Chansonnier oder Musiker. Staatliche Stellen, etwa die Konzert- und Gastspieldirektion, vermittelten Auftritte, und wenn ein Solist oder eine Gruppe populär wurden, regnete es Einladungen und selbstverständlich Gage.
All das, sagten wir, um einen Biermann zu ersetzen, der vom Fenster weg mußte. Die Sänger versuchten wie er zu singen, die Texte freilich waren zahm, panegyrisch, kritiklos, überheblich heiter.
Anders bei Bettina. Sie erhielt den Berufsausweis 1972, obwohl ihre Biographie Schönheitsfehler hatte. Sie ist 1947 geboren, wurde Bibliotheksfacharbeiterin, Schauspielschülerin, exmatrikuliert, Siebdrucker, Bibliotheksangestellte. Die Exmatrikulation passierte 1968 auf Grund Verteilens von Flugblättern. 1968 war ein seltsames Jahr, nicht nur für Bürger tschechoslowakischer Staatsangehörigkeit. Bettina bekam eine Haftstrafe, die später ausgesetzt wurde. Sie ist eine leidenschaftliche Person, die nie Erwartungen erfüllt, wenn sie dabei lügen oder weghören müßte. Sie sang ihre eigenen Lieder und drückte die Situation vieler Menschen in der DDR klar und ohne viel Federlesens aus.

Ihre Verse sind Liedertexte. Mal stehen sie Gedichten sehr nahe, mal kommen sie wie Schlager daher. Sie handeln von Liebe und noch mal Liebe, Liebe zu dem Land, in dem man aufgewachsen ist, mit dem man sich herumschlägt in der Hoffnung auf Sozialismus. Sie spricht von Leuten, aus denen nichts geworden ist. Der junge Mann vom Dorf bleibt fremd in der Stadt und resigniert; die HO-Verkäuferin endigt ihr Leben mit Tabletten; die Rentner in der Ackerhalle sehen verwirrt aus und begreifen den Geldwechselautomaten nicht. Andere Lieder stecken randvoller Fernweh, *die* DDR-Definition von Paris wird gegeben. Und immer stellt sie reinen Herzens unbefangen gesellschaftliche Zustände fest und in Frage, verdrängt und beschönigt nichts; ist ziemlich respektlos; sagt WIR. «Wo sind wir denn bloß hingekommen / das Ungeborne übt / schon den Bückling. / Wer schützt uns noch / und wie / vor uns?» und: «zu sehn wie alles rings zu Steinen wird / die Wärme ist uns schon Legende. / Wir fassen nichts, wir haben uns verirrt.» Die Angst, lebend zu sterben. Ketzergedichte? Warnung und Hoffnung. «So ist am Ende doch geblieben / was zu zerstören immer noch mißlang / ein Rest der Fähigkeit zu lieben / und Angst vor dem, was uns bisher verschlang.»

Und wenn die Welt voll Teufel wär. Ein schwarzer Choral. Bettina hatte zwei Veranstaltungsreihen, die ihr Spaß machten, bei denen die Leute Schlange standen, obwohl es nur Literatur, Musik und Gespräche gab, nicht mal Tanz hinterher. Eine war der Eintopp im Haus der Jungen Talente. Bettina lud bekannte und unbekannte Literaten und Musiker ein, moderierte den Abend normal berlinerisch und sang zwei, drei eigene Lieder. Da haben Stefan Heym, Christa Wolf, Klaus Schlesinger, Ulli Plenzdorf, Jürgen Fuchs, Dieter Schubert, Thomas Brasch, Volker Braun,

Günter de Bruyn, Uwe und Hermann Kant gelesen. Es gab Pop- und Jazzgruppen, Liedermacher und Schauspieler. Die Leute nahmen kein Blatt vor den Mund, sprachen über sich und die Welt, waren ehrlich wie Bettina. Bis auf ein paar Hingeschickte, die machten sich Notizen.

Als der Eintopp zugemacht wurde, weil er nicht mehr tragbar war für einige maßgebliche Angsthasen, hatte Bettina noch eine Gelegenheit im Weißenseer Jugendklub. Der Eintopp hieß nun Kramladen und war genauso wichtig und beliebt, wurde ganz schnell aus technischen Gründen geschlossen. Wieder hatten junge Leute ihre Texte gelesen, und Jurek Becker, Adolf Endler, Martin Stade. Ulli Gumpert und Baby Sommer spielten hervorragenden Jazz, Bier gab's und fünf verschiedene Sorten Stühle, der Saal war großartig häßlich. Dort hörte ich Bettinas Magdalena-Lied. Immer, wenn ich in der U-Bahn an der Magdalenenstraße vorbeikam, fiel es mir ein, und oben die Haftanstalt.

Die Auftritte haben abgenommen seit dem Herbst 1976. «Ich hab vor allen Leuten gesungen, vor Jugendlichen, Veteranen, Lehrlingen, Arbeitern, Studenten, Intellektuellen, Christen, Angestellten, Armeeangehörigen. Die Reaktionen waren sich ähnlich, nur die Fähigkeit, sie auszudrücken, verschieden. Ich glaube, die Leute haben mich immer verstanden und angenommen, weil sie gewußt haben, daß ich sie nicht betrüge und daß ich mich als einer von ihnen betrachte . . .»

CBS hat ihre erste Platte herausgebracht. Sie gehört zu diesen Versen, daß man eine Ahnung hat von Bettina.

Sarah Kirsch

# Wenn meine Lieder nicht mehr stimmen

Wenn meine Lieder nicht mehr stimmen
und keiner hört mir zu
da laß ich die Gitarre schwimmen
und setze mich zur Ruh.

So viele Leute, die ich kenne
die singen schön und aus Beruf
zuviel, als daß ich Namen nenne
versaun der Ehrlichkeit den Ruf.

Wie oft hör ich: Was soll ich machen?
Ach, Ehrlichkeit bringt nicht viel ein
da sing ich lieber seichte Sachen
kassier mein Geld und sag nicht nein.

Dann stelln sie sich auf eine Bühne
und singen irgendwelchen Mist.
Mensch, besser daß ich nichts verdiene
eh ich was singe, was nicht ist.

Dann gibts noch solche, die was zeigen
die singen nicht, die machen frei
und achten drauf, daß beim Verneigen
vom Körper was zu sehen sei.

Vergessen über Brust und Beinen
daß es noch Wirklichkeiten gibt
worüber ganze Völker weinen.
Das Schlimme ist: Die sind beliebt.

Ich glaube, es ist nicht so bitter
daß mich nicht jeder brauchen kann.
Ich will nicht singen wie ein Zwitter
nur vorher fragen: Kommt das an?

Wenn meine Lieder nicht mehr stimmen
und jeder hört mir zu
da laß ich die Gitarre schwimmen
und setze mich zur Ruh.

1972

Wenn mei - ne Lie - der nicht mehr stimmen

und kei - ner hört ____ mir zu. __

## Meine Muse

Ich bin kein großer Sänger.
Mich küßt die Muse nicht.
Es hielt sie wohl nicht länger
trug sie doch dein Gesicht.

Und seit du fortgeflogen
in ein Gemäuer bist
da ist mein Lied verlogen
weil sie geflohen ist.

Sie spielt auf ihrer Zither
gar manches schöne Lied.
Die Worte werden bitter
wenn man sie nicht mehr sieht.

Und ich muß trotzdem singen
weil jede Nacht mir scheint
daß meine Lieder klingen
als hättst dus so gemeint.

1968

Jede Stunde

Jede Stunde will ich nun verbringen
so, als obs die letzte wär
möchte alle schönen Lieder singen
über Zuckererbsen und das Rote Heer.

Jeden Tag will ich beim Lieben wissen:
Vielleicht geht er morgen fort
und dann werde ich ihn küssen
wieviel schwerer wiegt da jedes Wort.

Jeden Menschen will ich so behandeln
als säh ich ihn niemals mehr
und dann wird er sich für mich verwandeln
jeder Abschied wird mir zweimal schwer.

Jedes schöne Ding will ich mir gönnen
alle Wahrheit, die ihr gebt
denn am Ende will ich sagen können:
Mensch, ich habe wirklich gut gelebt.

1966

## Die Zeit-Uhr

Jede Stunde war in ihr ein Zeiger
und der drehte sich und sagte wahr.
Jedes Jahr ging hin und war ein Geiger
der das gleiche Lied spielt Jahr für Jahr.

Ihre Stunden und Minuten warn gezählt.
Statt der Finger griffen Zeiger ihre Hände.
Doch sie wollts nicht anders, hatte so gewählt
und so kam es, daß sie lächelte am Ende.

1966

Jan

Ach, vor einem ganzen Jahr
als ich noch sehr glücklich war
lief ich, mich im Tanz zu drehn
denn mein Jan der tanzte schön.

Wenn wir tanzten, das war fein
und er sagte: Du bist mein.
Doch dann blieb er plötzlich fort
tanzte wohl am andern Ort.

Heute tanze ich allein.
Keiner sagt mehr: Du bist mein.
Meine Füße sind schon wund
doch ich tanze ohne Grund.

Ach, ein Jahr geht schnell vorbei.
Ich bin noch zum Tanzen frei.
Und nun wart ich auf den Mann
der wie Jan so tanzen kann
wie mein Jan so tanzen kann.

1965

Die Augen reden noch von gestern


Die Augen reden noch von gestern
doch deine Hände sind schon müder
sage mir nie, wir wären Schwestern.
Wir sind es nicht, noch sind wir Brüder.

Du zählst die toten Vögel auf dem Feld
und sagst, das Korn gehörte dir und mir.
Und ich wär lieber von der Vogelwelt
und läge mit den toten Vögeln hier.

Dein Mund ist schön und schön ist dein Gesicht
dein Hals, dein Haar, sogar die Ohren.
Ich möchte weinen, und ich kann es nicht
denn meine Tränen hab ich schon verloren.

1970

# Wenn du mir nicht mehr ins Gesicht siehst

Wenn du mir nicht mehr ins Gesicht siehst
meine Augen nicht mehr suchst
und meinen Händen fliehst
und über jenen Kellner fluchst
dann ist es wohl zuende.

Wenn deine Finger Kreise nachziehn
von den Blumen auf der Decke
wenn du wegsiehst zu dem Grün
von einer Dame in der Ecke
dann ist es wohl vorbei.

Wenn deine Worte mich nicht meinen
und dein Kopf mich nicht mehr trägt
und auch mein stummes Weinen
wenn es laut wird, nichts in dir bewegt
dann ist es wohl zuende.

Wenn du dir meine Briefe durchliest
wie ein altes Buch von andern
und dabei nicht immer mich siehst
sondern irgendeine Fremde
ach, dann ist es vorbei.

1971

## Immer wieder eine Lanze werfen

Immer wieder eine Lanze werfen
wenn sie trifft, verblute ich.
Ach, ich wollte mir mein Schwert noch schärfen
doch am Ende treff ich mich.

Jede Schlinge, die ich lege
dich an mich zu binden
ist zum Schluß mir selbst im Wege
will sich um mich winden.

Jedes kalte Wort zum Abschied
das ich schleudern will
wird ein Weinen und ein Lied
darum bin ich lieber still.

Laß dich gehn aus meinem Leben
laß dich nun in Ruh
und will ich dir einen Abschied geben
hör mir nicht mehr zu.

1970

## Vielleicht für die Kollegen Musiker

Sie haben wieder gespielt, fast bis vier
und nun haben sie ihr Geld drin
und dann sitzen sie noch bei zwei, drei Bier
und reden so allerlei hin.

Und dann steht da eine, steht einfach so rum
und vielleicht macht die mit für die Nacht
und er redet mit ihr und sie nimmt nichts krumm
und hat tatsächlich mitgemacht.

Der Morgen ist lau und das Bier ist schal
sie hat da so rumgesessen.
Das wars mal wieder, wie jedesmal
und der Name war schon vergessen.

Er hätte am liebsten, sie würde verschwinden
um nicht reden zu müssen, wird geraucht
und was Nettes zum Abschied wird sich schon finden
und man sieht ihr nicht an, daß sie irgendwas braucht.

Vielleicht sehn sie sich mal, wenn er wieder spielt
Na, machs gut, hast du Telefon?
Und er weiß noch, wie sie in der Tasche wühlt
Nee, die Nummer merk ich mir schon.

Sie haben wieder gespielt, fast bis vier
und nun haben sie ihr Geld drin
und dann sitzen sie noch bei zwei, drei Bier
und reden so allerlei hin.

Mensch, da stand doch eine, stand einfach so rum
soll sich aufgehängt haben, nachts
hat die Freundin erzählt, bringt sich einfach so um
Mensch, und müde bin ich, na, was machts.

1975

## Mach dir kein Bild

Deine Farben sind zerlaufen
geh dir neue Bilder kaufen.
Auch die Rahmen sind zerbrochen
Kälte ist in dich gekrochen.

Nimm den Pinsel in die Hand
überstreich auch gleich die Wand.
Früher, als du noch gesungen
ist die Wand davon zersprungen.

Wenn die Bilder nicht mehr lohnen
weil nur Tote darin wohnen
die du heute nicht mehr kennst
ist es Zeit, daß du dich trennst.

Reiß sie weg und brenn die nieder
und erinnre Deine Lieder.
Jedes Bild mit Witz bezahlen
dann erst kannst Du wieder malen.

1971

Ach, hätte meine Mutter


Ach, zög mir meine Mutter
den roten Rock doch an.
Vielleicht würd er dann sehen,
wie schön ich aussehn kann.

Ach, kämmte meine Mutter
mein Haar, wie sie es hat.
Vielleicht würd er mich nehmen
an jener andern statt.

Ach, hätte meine Mutter
mich schöner doch geborn.
Da wäre meine Liebe
an ihn nicht so verlorn.

1967

Der Eisenbahner


An jedem Dienstag wartet sie am Fenster schon
der Zug, wenn pünktlich, kommt um 18.30 vorbei.
Dann wird es still um sie, sie hört nicht einen Ton
denn sie sieht nur zum Schnellzugwagen zwei.

Er hat so eine wunderschöne Uniform
so blau mit vielen roten Knöpfen dran.
Tags locht er Karten und am Abend liest er Storm
und jeden Dienstag lächelt er sie an.

Wenn sie am Abend traurig schlafen geht
weint sie in ihre Kissen still
weil dieser Zug vor ihrem Hause niemals steht
und sie den Eisenbahner haben will.

Sie liebte einen von der Eisenbahn
und kaufte in der Stadt ein buntes Seidenkleid
dann fuhr sie Dienstag bis zur Endstation der Bahn
und stand im Bahnhof bis zur Ankunftszeit.

Der Zug fuhr pünktlich in den Bahnhof ein.
Er stieg heraus und blieb vor seinem Wagen stehn.
Sie wurde rot und wollt viel schöner sein
dann ging sie zu ihm, denn er konnte sie nicht sehn.

So stand sie vor ihm, er erkannte sie sogar
und sie sah glücklich in sein Eisenbahngesicht
bis er ihr winkte, und sie plötzlich traurig war:
Der war kein Mann, der war ein Ehemann!

1970

26

## Die Weißen

Ich zählte die Steine der Erde
und ich zählte die Gräser im Wind.
Ich suchte die weißen Pferde
im Regenbogen als Kind.

Ich zählte die Tropfen der Seen
und jedes Staubkorn dazu.
Ich glaubte an Prinzen und Feen
und brauchte nicht Kleid noch Schuh.

Ich zählte im Flusse die Kähne
und ich zählte die Körner für sie.
Doch die mit der weißen Mähne
Ich fand sie, ich finde sie nie.

1971

Alle Vögel

Alle Vögel haben Flügel
ich hab nichts.
Alle Vögel können fliegen
ich kann nichts.

Alle Vögel haben Krallen
keiner schießt sie tot.
Ich werd nie zum Himmel fallen
und mein Blut ist rot.

Vögel fliegen über Mauern
und ihr Flug ist weit.
Menschen sitzen still und lauern
hoffend auf die Zeit

da der Herrgott Flügel schaffe
und sie sind bereit
tragen in der Hand die Waffe.
Alle Vögel fliegen weit.

Alle Leute haben Augen
Nase, Ohr und Bein
doch sie kennen nicht das Sehen
Riechen, Hören oder Gehen.

Darum besser wär es so
wärn sie ganz aus Holz
blank und kahl und völlig roh
ohne Haare und Gesicht.

Doch sie haben all die Dinge
nur, sie wissens nicht.          1966

Für ehemalige Kollegen

Sie, die traurig ihre Köpfe neigen
singend von dem toten Kind
und dem Publikum zu zeigen
daß sie wirklich traurig sind.
Und die mit der Stimme hauchen
weil das besser klingt
und die wohl den Beifall brauchen
da sich Englisch schwerer singt
die jetzt hootlos sind geworden
und nun stehn mit kahlem Kopf
dürfen rühm ab heut in Horden
nur im deutschen Puddingtopf.

Alle greifen jetzt zur Kelle
haun den bösen Folksong tot
und verfertigen auf der Stelle
echten deutschen Hühnerkot
mischen schnell das alte Volkslied
mit der neuen Königsage
und man fragt, ob keiner sieht
was die eigentliche Frage.
Tauschen sollte man die Köpfe
die verboten manchen Mann
fortstelln alle Puddingtöpfe
daß man endlich singen kann.

1968

## Der König und die Frösche

Einst ritt ein Jüngling, klug und schön
in seiner Feinde Königreich.
Am Wege sah er Bettler stehn
mit hohlen Wangen, warn so bleich.
Er fragte: Was ist los mit euch?
Die Bettler huben an sogleich:

Weil wir vom Frosch das Wetter wußten
war unser König sehr verdrossen.
Er zwang uns, daß wir betteln mußten
und jeder Frosch ward nun erschossen.
Wir brauchen doch und haben nicht
vom Wetter eine Übersicht.

Die ganze Ernte ging verlorn
und wir stehn da mit leerem Bauch
und unsre Kinder, grad geborn
weinen vor Hunger und frieren auch.
Der König aber, der Verräter
der stapelt um sich Barometer.

Er sagt, er weiß, was für uns gut ist
entscheidet selbst, was wir verstehn
wer ihm nicht glaubt, sei Anarchist
dem solle man den Hals umdrehn.
Und wenn er Lust hat, dann und wann
sagt er uns mal das Wetter an.

Der Jüngling hörte lange zu
dann ritt er schweigend heim

und sanft, mit seinem linken Schuh
fing er ein Froschpaar ein.
Das setzt er in des Königs Land
dort trat es in den Ehestand.

Ein Jahr darauf, tief in der Nacht
ertönte lautes Quaken.
Von ist der König aufgewacht
und biß in seine Laken.
Dann fraß er seine Barometer
und war erstickt schon wenig später.

1977

Lied vom Messer
*Für David*

Es lebte einst in einem Wald
ein böser Menschenfresser.
Der war schon viele Jahre alt
und trug bei sich ein Messer.

Das Messer nahm er immer mit
erstach damit die Kinder
wenn eines mal den Wald durchschritt
und fraß sie mehr und minder.

An einem Tag, der sonnig war
da kam ein kleiner Junge
von höchstens fünf bis sieben Jahr
der pfiff aus voller Lunge.

Doch plötzlich blieb der Kleine stehn
und ließ das Pfeifen besser
er konnt den bösen Alten sehn
mit seinem Mördermesser.

Der hatte grad ein kleines Kind
mit blondem Haar geschlachtet.
Da lief der Junge hin geschwind
und hat die Angst verachtet.

Er riß das Messer aus der Hand
des bösen alten Mannes
erstach ihn selbst damit gewandt
und dachte froh: Ich kann es!

Nach vielen Jahren hat ein Hund
sich in dem Wald verlaufen.
Er lief sich wohl die Pfoten wund
und suchte was zum Saufen.

Er kam an einem Wasser an
es ging ihm schon viel besser
da sah er plötzlich einen Mann
der wetzte grad sein Messer.

Es lebte einst in einem Wald
ein böser Menschenfresser
der war schon viele Jahre alt
und trug bei sich ein Messer.

1969

Ich hab die Nacht geträumet
*nach einem alten deutschen Volkslied*

Ich hab die Nacht geträumet
wohl einen schweren Traum.
Kein Mensch wollt einem Menschen
noch in die Augen schaun.

Sie trugen lange Messer
tief unter ihrem Hemd
und um die Augen Binden
daß man sie nicht mehr kennt.

Die Worte, die sie sprachen
die warn aus Glas und rund
sie rollten und zerbrachen
schon fast in ihrem Mund.

Es riefen meine Feinde:
Wir haben dich erkannt!
Wo ward ihr, meine Freunde
die ich nicht wiederfand.

Die Freunde, die ich kannte
ich suchte sie und stand
als ich die Namen nannte
schon lange an der Wand.

Ich hab die Nacht geträumet
wohl einen schweren Traum.
Kein Mensch wollt einem Menschen
noch in die Augen schaun.

1977

Und werden uns treffen


Und werden euch treffen mit ehernem Schwert
mit silbern glänzender Klinge
und werden vernichten den wärmenden Herd
auf daß nichts euch mehr gelinge.

Wo keine Trauer ist und keine Wärme
will ich nicht länger wohnen.
Die Augen leer und blicklos in die Ferne
kann Lieben sich nicht lohnen.

Wo Tote sich zum Leben reparieren
um glücklich Krieg zu führen
und fröhlich grunzend durch die Welt marschieren
bleibt nur ein großes Frieren.

Wo keiner den Wind mehr in Gräsern sieht
das welkende Blatt am Baum
wo die Sonne unter die Wasser flieht
darf niemand niemandem traun.

Wo der Mond hinter grauen Felsen versinkt
und giftiger Atem weht
wo ein Kind in faulenden Wassern ertrinkt
da hilft auch kein Gebet.

Und werden uns treffen mit ehernem Schwert
mit silbern glänzender Klinge
und werden vernichten den wärmenden Herd
auf daß nichts uns mehr gelinge.

1974

Die Feinde


Der Mond hatte einen Hof
sie haben ihre Kanonen hineingeschoben.
Die Sonne hatte ein Licht
sie haben ihre Fackeln daraus gemacht.
Das Feld hatte viel Korn
sie haben Schrot daraus gewonnen.

Die Nacht hatte einen Mantel
sie haben sich Tarnanzüge daraus geschnitten.
Der Mann hatte eine Faust
sie haben Bomben damit gebaut.
Die Frau hatte einen Schoß
sie haben ihn zur Kaserne ernannt.

Die Kinder hatten einen klaren Blick
sie haben ihre Feinde erkannt
und konnten alles gebrauchen.

1964

Wenn wer die Freiheit predigt

Wenn wer die Freiheit predigt
um sie dann umzubringen
der ist schon bald erledigt
von dem wird man nicht singen.

Amerika, Amerika
dein Lenz ist da
Amerika, Amerika
schon bald!

Und wenn sie alle Steine
der Welt zusammentragen
man wird damit die Schweine
am Ende selbst erschlagen.

Die Schwarzen werden aufstehn
die weißen Brüder auch
und werden endlich losgehn
und Kampf gibts, daß es raucht.

Kein Krieg mehr und kein Gitter
und Arbeit gibt es viel.
Das wird für jeden bitter
der auf falscher Seite fiel.

Haut ab, bevor es Regen gibt
ihr wißt ja, was euch droht.
Wir sind in diesen Kampf verliebt
Amerika wird rot
die ganze Welt wird rot!

1970

Die drei heiligen Affen oder
Nichts sehen, nichts hören, nichts sagen

Ach, sagte der erste
Ich seh mir diese Filme nicht an
immer das gleiche
über Vietnam
Toter Mann, totes Kind.
Der wurde blind.

Ach, sagte der zweite
ich schalte dann immer aus
will meinen Frieden
in meinem Haus
geht zum Radio, wischt dort Staub.
Der wurde taub.

Ach, sagte der dritte
ich sage dazu nichts mehr
da zu entscheiden
ist mir zu schwer
geht zum Sofa, dreht sich um.
Der wurde stumm.

Man segnet ihre Gaben
hat sie zusammen begraben.

1967

## Andalusien

Deine Himmel hängen tief
und verfault ist all dein Holz.
Wer einst deinen Namen rief
rief ihn laut und voller Stolz
Andalusien.

Deine Weiten zieren Gitter
ach, steh auf und mach dich frei.
Deine Blumen duften bitter.
Wehr dich, sei es wie es sei
Andalusien.

Wieviel Jahre soll das dauern
und wielange trägst du's noch
daß sie jedes Wort belauern
dich versklaven in ihr Joch
Andalusien.

Nimm nun alle deine Waffen
du hast keine andre Wahl
und dann wirst du's endlich schaffen.
Mach dich frei von dieser Qual
Andalusien.

1971

Die beiden

Sie trafen sich einst im Walde.
Da war es so dunkel und hell.
Sie flogen auf einer Schwalbe
über die Wälder so schnell.

Sie flogen durch blauen Regen
und in die Nacht so tief
und trafen sich auf den Wegen
wenn einer den andern rief.

Sie flogen über die Wasser
und über den Himmel sogar.
Es wurden die Sterne blasser
sahn sie sich mit Augen klar.

Sie flogen bis Mondes Sichel
und liebten sich noch im Schmerz.
Sie hieß Ruth und er Michel
die Sichel durchbohrte ihr Herz.

1966

## Ghettolied

Um dos Lebn grobn mir ejn tiefes Grob
un farsenkten untzer Neschome do hinob.
Oj, die Mame, Tate un die Kindlach, klejne
all in ejnem un ich schäjm darob ich wejne.
Un es helft nischt, doß mir schtejn un wejnen
doß fagießn hejße Träٰren, helft nischt kejnem.
Oj, die Flamn gejn darob schojn un zarejßn
ken nischt leschn unser Tränen, unser hejßn.

Un men hot uns geschlogn
und men hot uns geschächt
un mir hobns getrogn
un varlejgt unser Recht.

1972

Er lag unter dem Baum


Er lag unter dem Baum
mit den hängenden Zweigen
und hatte einen tiefen Schlaf.
Seine Haare lagen lang im Gras
und wollten den Winter verschweigen.

Dann kamen die Männer in blanken Schuhn
und mit der silbernen Schere.
Die schnitten ihm die Haare ab
die blieben im Gras über Winter.
Und ihn versahn sie mit einem Strick
und hängend brach er sein Genick.

Da kam das Mädchen von gestern
und fragte: Was hat er euch getan?
Die Männer blickten lange zu ihr
und dann sagten sie:
Der war anders als wir!

1967

Der Andere

An einem klaren Tage, Montag früh
da ist er auf die Welt gekommen
und obwohl ihn seine Eltern nie
wollten, haben sie ihn schließlich doch genommen.

Immer, wenn er etwas machen wollte
ist es irgendwie gelaufen
und obwohl kein Mensch was von ihm wollte
konnte er sich immer noch besaufen.

Alle Angst und Zweifel, die zerstreute
seine schöne Frau, die er bekommen
und obwohl sie's später oft bereute
hatte sie ihn schließlich doch genommen.

Niemand hat ihn wirklich haben wollen.
Keiner hat ihn einfach bloß geliebt.
Vielleicht hätt er anders sein sollen
und sein Pech war, daß es das nicht gibt.

Eines Tages ließ er alles liegen
hat nicht mal mehr sein Gehalt bekommen
und beschloß, für immer fortzufliegen.
Diese Nachricht hat man freundlich aufgenommen.

1969

## Schlaflied für Jakob

Schlaf, mein Sohn, mach die Augen zu
Mama ist da und sitzt bei dir
träum was Schönes, na nu schlaf schon, du
brauchst nicht weinen, ich bin ja hier.

Hab keine Angst vor den lauten Dingen
Wölfe gibt es nur im Wald
Mama ist da, um ein Schlaflied zu singen
und wenn sie dich zudeckt, ists nicht mehr kalt.

Hab keine Angst vorm Schwarzen Mann
der fürchtet sich ja selber so
träum von deiner Eisenbahn
Löwen gibts doch bloß im Zoo.

Weine nicht mehr, ist doch schon gut
ich wisch dir deine Tränen weg.
Keiner ist da, der dir was tut
wenn ich dich in dein Bettchen leg.

Na siehst du wohl, jetzt schläfst du schon.
Wie klein du bist, das tut so weh.
Ich kann nicht schlafen, wie du, mein Sohn
weil du noch nicht siehst, was ich schon seh.

1978

## Schlaflied für Benjamin

Mein Sohn hat blanke Augen
und einen schönen Mund.
Das Leben kann nichts taugen
ich wein die Augen wund.

Und wenn ich nicht mehr hier bin
und nirgendanderswo
ist kein Verlust und kein Gewinn
war niemand da und niemand floh.

Und wenn die Mauern so sind
daß keine Sonne scheint
dann denk ich an ein weißes Kind
das manchmal leise weint.

Wenn sich die Schatten legen
auf Blumen und aufs Gras
will ich nichts mehr bewegen
nicht Liebe und nicht Haß.

Ich will ein Schlaflied singen
dann schläft mein Sohn wohl ein
und bunte Scherben klingen
wird was zerbrochen sein.

Wie er will ich nun schlafen.
Wir werden nie mehr wach.
Dann kann ihn keiner strafen
davor nicht und danach.

1968

Kinder

Sind so kleine Hände
winzge Finger dran.
Darf man nie drauf schlagen
die zerbrechen dann.

Sind so kleine Füße
mit so kleinen Zehn.
Darf man nie drauf treten
könn sie sonst nicht gehn.

Sind so kleine Ohren
scharf, und ihr erlaubt.
Darf man nie zerbrüllen
werden davon taub.

Sind so schöne Münder
sprechen alles aus.
Darf man nie verbieten
kommt sonst nichts mehr raus.

Sind so klare Augen
die noch alles sehn.
Darf man nie verbinden
könn sie nichts verstehn.

Sind so kleine Seelen
offen und ganz frei.
Darf man niemals quälen
gehn kaputt dabei.

Ist son kleines Rückgrat
sieht man fast noch nicht.
Darf man niemals beugen
weil es sonst zerbricht.

Grade, klare Menschen
wärn ein schönes Ziel.
Leute ohne Rückgrat
hab'n wir schon zuviel.

1976

Ikarus
*Aus dem DEFA-Film «Ikarus»*

War voll von Liebe und war voll Vertraun
und Wärme war um ihn und war viel Zeit.
So konnte er sich große Flügel baun
und alles in ihm war unendlich weit.

Da war es schließlich möglich, daß er flog
die Erde ließ er unter sich zurück.
Bis man die Wärme von ihm nahm und ihn belog
da blieb vom Ganzen in ihm nur ein Stück.

So fiel er nieder, stürzte und zerbrach.
Wer sagt, er wäre nie geflogen, lügt.
Man trug ihm die zerbrochnen Flügel nach
und jeder weiß, daß er nie wieder fliegt.

1974

Ich will
*Aus dem DEFA-Film «Ikarus»*

Ich will ein Vogel werden
flieg über eure Stadt
und über grüne Erden
ich hab das Laufen satt.

Ich wünsch mir schöne Flügel
die tragen mich weit fort
hoch über Wald und Hügel
an einen andern Ort.

Will endlich leicht und frei sein
dann wär ich gar nicht schwer.
Ich paßt in meine Hand rein
da sieht mich keiner mehr.

Mein Nest wär in dem Kirschbaum
gleich neben unserm Haus.
Ich flög bis in den Weltraum
mit meiner weißen Maus.

Ich pickte kleine Krumen
aus meiner Mutter Hand.
Sie hätte schöne Blumen
die Vater für sie fand.

1974

Ene mene mopel
Spottlied für Kinder auf Erwachsene
*Aus dem DEFA-Film «Ikarus»*

Ene mene mopel
wer frißt Popel?
Brave Kinder tun das nicht
wenn man ihnen was verspricht.

Meine Tante Hedwich
sagt mir täglich:
Fürchte dich vorm Schwarzen Mann
weil sie keinen kriegen kann.

Und mein Onkel Ottka
der säuft Wodka
und wenn der besoffen ist
möchte er, daß man ihn küßt.

Unser Fräulein Krieber
hab ich lieber
als den Mathelehrer Klein
weil, sie ist schön und er gemein.

Wärn die Großen kleiner
wärs viel feiner.
Bestimmt wär das gesünder
gäbs auf der Welt nur Kinder.

1974

Für Klein Zaches
von E. T. A. Hoffmann


Die kleine Zacharine
die war so häßlich im Gesicht
gelb, wie ne Mandarine
und einen Mann den fand sie nicht.

Sie weinte jeden Abend
die Tränen hob sie alle auf
und bot sie, Leute fragend
am Sonntag auf dem Markt zum Kauf.

Da fand sie endlich einen Mann
Klein Zaches war sein Name
der machte sich auch gleich daran
und nahm sie in die Arme.

So glücklich war die Ärmste nie
sie sprach zu sich: Er liebt nur mich.
Und jeden Abend dachte sie:
Der ist noch häßlicher als ich!

1973

## Der Bucklige

Wurde geborn mit einem Bein
das länger als das andre war.
Die Welt schien ihm verkehrt zu sein
er hatte einen Buckel gar.

Da kaufte er sich einen Hund
der war noch häßlicher als er
und starb am Sonntag ohne Grund.
Die Nächte wurden tränenschwer.

Dann nahm er eine Frau zum Weib
die hatte Lippen, warn so blaß.
Er kaufte ihr ein rotes Kleid
doch ihre Augen blieben naß.

Eh seine Frau ging in den Tod
nahm sie sich einen festen Strick
und färbte sich die Lippen rot
dann hängte sie sich mit Geschick.

Da hub er eine Grube aus
und legte endlich sich hinein.
Nachts steigen Träume dort heraus
die weinen und die schrein.

1966

## Traum

Manchmal nur, gegen Mitternacht
kommt als Vogel mir ein Traum
und dann fliege ich ganz sacht
mitten in den weißen Kirschenbaum.

Will das Haus, in dem ich wohne
einfach mal von ganz weit oben sehn.
Dabei werd ich immer ohne
Flügel sein und weiter auf der Erde gehn.

Bin genau, wie alle andern sind
die weise mit den Köpfen nicken
deren Augen rotgeweint und blind
traurig in den hohen Himmel blicken.

Wo schwarze Vögel ihre weiten Bahnen ziehn
und weiße Vögel hell und lautlos kreisen
da möcht ich endlich vor mir selber fliehn
und Lerche, Taube oder Schwalbe heißen.

1967

Auf diesem Boden

Auf diesem Boden wird das Lächeln einst versiegen
auf diesem Boden, den ich nun verließ
und auch kein Gott, vor dem wir auf den Knien liegen
kann nun verhindern, daß ich mich verstieß.

Ich wollte wieder Anfang sein und Ende
und hab geträumt, ich würde neu gebor'n
und neue Augen hätte ich und neue Hände
und habe immer gut zu sein geschwor'n.

Ich hab geglaubt, ich könnte neue Worte sagen
und andere Gedanken gäben mir Gewicht
und nun am Ende kann ich nicht ertragen
daß alles an mir so wie immer ist.

Ich weiß es besser nun und lege meine Hände aufs Gesicht
und lege mich ins tiefste Wasser hin.
Ich wollt woanders anders sein und konnt es nicht.
Denn nichts holt aus mir raus, was ich nicht bin.

1966

Spruch fürs sozialistische Poesiealbum

Hätte ich Sehnsucht
wär es nach dir.
Suchte ich Zuflucht
sucht ich bei dir.
Hätte ich Liebe
wär sie für dich.
Hätte ich Tränen
weint ich um mich.
Hätte ich Augen
könnt ich dich sehn.
Gäbe es Brücken
käm ich zu dir.
Hätte ich Worte
spräch ich zu dir.
Hätt ich ein Herz
würd es zerbrechen
Heute und Hier.

Betty
von Jiří Suchy
Aus dem Tschechischen nachgedichtet
von Bettina Wegner


Als ich grade zwanzig war
ging er mit mir ins Kabarett.
Mein Gott, ich war erst zwanzig Jahr
und noch kein bißchen fett.


Ein Blonder haute ins Klavier
und irgendwer riß Witze
zu faden Versen fades Bier
das machte, daß ich schwitzte.


Ne Tänzerin nahm ins Visier
son fetten Kerl, verstehs
der Blonde haute ins Klavier
und Betty sang Couplets.


Halb Mädchen und halb Fisch war sie
und trug ein grünes Kleid.
Ich dachte noch: Die schafft es nie
sie tat mir richtig leid.


Halb Jungfrau war sie und halb Fisch
und war auf Blumen aus
da bat ein Herr sie an den Tisch
mit einem großen Strauß.

Und dann, am Morgen wars passiert
sie flog auf Blumen rein
mit Blumen hat er sie verführt
und dann war sie allein.

Sie liebte diesen Kavalier
mit Bart und schönem Haar.
Der Blonde haute ins Klavier
und ich war zwanzig Jahr.

Was heißt denn hier, sie wär schön blöd
wenn sie sich so benimmt?
Ich find es von dem Herren öd
daß der sich so verdünnt.

Der haute nach Milano ab
Wie hat er das gemacht?!
Erst heulte Betty nicht zu knapp
doch dann hat sie gelacht.

1975

Aus meinem Leben
von Jiří Suchy
Aus dem Tschechischen nachgedichtet
von Bettina Wegner

Auch wenn es aus der Mode ist:
Ich steh – und wahrheitsblind
sing ich von unten als Solist
für die, die oben sind.

Und dafür will ich wirklich nicht
n Sechser vom Balkon
ein bißchen nur übt Selbstgericht
das reichte mir dann schon.

Als ich ein junges Mädchen war
hat man mir nur mißtraut.
Es hieß, ich wäre undankbar
und außerdem zu laut.

Ach, unermüdlich prüften sie
mein menschliches Profil.
Von vorn da prüften sie mich nie
war wohl zu diffizil!

Dann kam, wie immer diese Zeit
da sahn sie alles ein.
Die Fehler der Vergangenheit
sollten vergessen sein.

Doch etwas habt ihr übersehn
daß man ein andrer wird
und glaubt ihr, es wär nichts geschehn
dann habt ihr euch geirrt!

Es ist ja wahr, ihr habt gesiegt!
Ich pfeif mir einen Marsch
und falls euch nichts mehr an mir liegt
dann leckt mich doch am Arsch!

1975

Was ich noch sagen will

Was ich noch sagen will:
Sei nicht so lau und still
wenn was zu sagen wär
hab doch nicht solche Angst
daß man dir übelnimmt
wenn deine Haltung stimmt.
Und laß dich nicht bekehrn
daß Schweigen leichter ist
man läßt dabei Gesicht.
Der ist kein Sozialist
der in der Ecke steht
und müde Däumchen dreht.

Erinnerst du dich noch
als du zur Schule gingst
und so in Mathe hingst
da hast du dir gedacht:
Jetzt bin ich lieber still
weil ich mein Abi will.
Dann fing dein Studium an
du hieltest dich zurück
verlorst dich Stück für Stück.
Zwar hast du noch gesagt:
Mensch, wenn ich fertig bin
hat die Kritik erst Sinn.
Nun bist du im Betrieb
ernährst dich selber und
hältst immer noch den Mund.
Nur, wenn es keiner hört
dann sagst du, was dich stört

und was man ändern muß.
Nur tief in deinem Kopf
sitzt der, der wütend grunzt.
Ich habe Angst um uns.

Denn irgendwann einmal
kann sein, daß man vergißt
was Recht und Unrecht ist
daß man vergessen hat
wie ein Mensch leben muß
und hat es doch gewußt.
Wenn du so ruhig sitzt
obwohl du sicher bist
daß was zu machen ist.
Und du die Schnauze hältst
obwohl du sicher bist
daß was zu sagen ist!

1977

Die Worte


Was ist, wenn wir nur Schwätzer sind
die nie die Wahrheit sagen
und Worte sprechen in den Wind
der wird sie uns nicht tragen.

Worte sind da, daß man sie spricht
und wirklich an sie glaubt.
Sie kommen alle vors Gericht
wenn man sie nicht erlaubt.

Und das Gericht macht sie zu Staub.
Ich rede trotzdem ohne Sinn.
Du hörst mich nicht, wir sind ja taub
weil ich auch nur ein Schwätzer bin.


1968

## Gestern Heute Morgen

Hatte Hände, weich und warm
bin ich nun an Wärme arm
meine Hände kalt
mein Gesicht so alt.

Hab getan, was man nicht tut
habs getan mit zuviel Mut
wäre nichts geschehn
wär ich heute schön.

Klopft nicht mit der wunden Hand
gegen eine kalte Wand
die ist hart und Stein
und wär nicht allein.

1969

*Macht unsre Bücher billiger! ...*

... forderte Tucholsky einst, 1932, in einem «Avis an meinen Verleger». Die Forderung ist inzwischen eingelöst.

Man spart viel Geld beim Kauf von Taschenbüchern. Und wird das Eingesparte gut gespart, dann zahlt die Bank oder Sparkasse den weiteren Bucherwerb: Für die Jahreszinsen eines einzigen 100-Mark-Pfandbriefs kann man sich zwei Taschenbücher kaufen.

# Pfandbrief und Kommunalobligation

**Meistgekaufte deutsche Wertpapiere - hoher Zinsertrag - schon ab 100 DM bei allen Banken und Sparkassen**

Verbriefte Sicherheit

Für J. P.


Er war so schön und neu
ein kleiner Held und Riese
im Haar war Staub vom Heu
und Gras von einer Wiese.

Er baute sich aus Zweigen
ein großes Feuerhaus
und wollte damit zeigen:
Der Mensch ist keine Laus.

Erst brannten seine Haare
das Gras war noch zu grün.
Man holte eine Bahre
doch er war am Verglühn.

Dann kam die große Ratte
die fraß ein großes Loch.
Daß man ihn nicht bestatte
fraß sie das andre noch.

1968

Wo ist alle Wut geblieben


Wo ist alle Wut geblieben
alle Tränen und mein Haß.
Nie verlor ich das beim Lieben
und zum Sterben brauch ich das.

Täglich such ich in den Spiegeln
fremder Augen mein Gesicht.
Mußte bleiben hinter Riegeln
das ich suchte, find ich nicht.

Ich werd in die Hölle kommen
weil ich mich verloren hab.
Alles ist mir weggenommen
und nun brechen sie den Stab.

Ich will meine Henker fragen
wo die liebe Seele wohnt.
Endlich höre ich mich sagen:
Hat sich alles nicht gelohnt.

1968

Magdalena

Magdalena war so schwarz
und hatte große Hände
wen sie liebte
streichelte sie in die Wände
weiß und kalkig ward ihr Liebster endlich noch
dabei liebte Magdalena jeden doch.
Magdalena

Tausend Leben hat sie wohl
zu Tod gedrückt
manchmal glaubt sie selbst
sie wird verrückt
weil sie immer wieder lieben muß
dabei tötet jeden schon ihr Kuß.
Magdalena

Ach, die langen Haare gehen bis zum Knie
doch vier Tage überlebt man mit ihr nie.
Nimm nie ihre Hand, die sie dir gibt
ach, sonst hat dich Magdalena totgeliebt.
Magdalena

1969

## Bunter Vogel

Bunter Vogel
Flügel gestutzt
sitzt im Käfig
auf einer Stange
und blickt lange
in mein Gesicht.
Verzeih, was ich tat
war doch gezwungen
bin ja gefangen
grad so wie du.
Nur hat mein Käfig
größere Stangen
die ich nur spüre
wenn ich dran stoß.

1969

Nie mehr

Nie mehr eine heiße Hand berühren
nie mehr in ein kaltes Wasser gehn
nie mehr einen schwarzen Liebsten finden
nie mehr einen weißen Vogel sehn.

Niemals wieder leere Worte hören
niemals wieder blanke Gitter spürn
niemals wieder einen Heuchler stören
nie mehr eine weiche Lüge führn.

Endlich nur noch warme Erde auf mir
endlich nur noch Dunkel um mich her
endlich spricht nur kaltes Schweigen hier
und ich gebe keinem Antwort mehr.

1968

## Ich weiß nicht weiter

Ich weiß nicht weiter, keinen Rat und keine Bitte.
Es ist nur heiß und kalt und meine Bitte
um ein Gesagtes taut, wenn ich nichts höre
und die Verzweiflung, daß ich bin und störe
in deinem Kopf, in diesem Land, in dieser Welt
macht, daß ein harter Regen auf mich fällt
der mich verbrennt, und der mich frieren läßt.
Ich wanke nur, und gar nichts hält mich fest
hab keinen Boden mehr, zum Halten keine Hände
und langsam schließen sich um mich vier Wände
verstopfen mir mit weißem Kalk den Mund
ich habe Angst und bete ohne Grund.
Wohnt ja kein Gott, der mich in seine Arme nimmt.
Ich möchte weinend lachen, wie ein Kind.

1976

## Die Traurigkeiten

Ich trage meine Traurigkeiten fort
und will sie still begraben.
Vielleicht am dunklen, stillen Flusse dort
ich will sie nicht mehr haben.

Vielleicht find ich ein Beet
wo Petersilie steht
die nährt sich kurze Zeit
von meiner Traurigkeit.

Könnte sie einer brauchen
ich stellte alle Laster ein.
Ich würde nie mehr rauchen
und würde niemals wieder traurig sein.

1963

Auf der Wiese

Auf der Wiese haben wir gelegen
und wir haben Gras gekaut
folgen wollt er mir auf allen Wegen
Blumen hat er mir geklaut.

Montag hat er mir das Haar gekämmt
Dienstag gingen wir ins Kino
Mittwoch hab ich ihm was vorgeflennt
denn wir hatten nur Casino.

Und den Donnerstag, den ganzen
blieben wir in unserm Bett
und am Freitag warn wir tanzen.
Wenn ich doch den Freitag hätt.

Samstag lag er mir in meinen Ohren
daß er mich wie irre liebt
und er hat mir sicher auch geschworen
daß es keine andre gibt.

Sonntag ist er fortgegangen
ist für immer mir entwischt.
Ach, ich hätt ihn aufgehangen
hätte ich ihn bloß erwischt.

Auf der Wiese habe ich gelegen
und ich habe Gras gekaut.
Folgen trage ich auf allen Wegen
Blumen klaun hab ich mich nicht getraut.

1966

Ach, wenn ich doch als Mann auf diese Welt gekommen wär


Ach, wenn ich doch als Mann auf diese Welt gekommen
   wär
da wär ich besser dran und wüßte, wie sie sind
und alles, was ich machte, wäre sicher halb so schwer
und von der Liebe kriegte dann der andere das Kind.

Ich hätte monatlich nurmehr noch finanzielle Sorgen
beim Tanzen könnt ich einfach fragen: Tanzen Sie?
Und würde ich mal wach mit einem Schmerz im Kopf am
   Morgen
würd es nicht heißen: Deine Migräne, Liebling, das ist
   Hysterie.

Ich könnte mich allein in jede Kneipe setzen
kein Mensch würd in mir leichte Beute sehn
und mich mit widerlichen Blicken hetzen
ich könnte ungeschorn an jeder Ecke stehn.

Und dürfte auf der Straße seelenruhig rauchen
kein giftger Blick von Damen würd mich streifen.
Das kann man doch zur Männlichkeit gebrauchen
und alle Damen würden das begreifen.

Und wenn mir auf der Straße irgendwer gefiele
da ging ich ran und würde ein Gespräch beginnen
und keiner hätte da so komische Gefühle
daß ich ne Frau bin: Mensch, die Olle muß doch spinnen.

Beim Singen würde jeder auf die Worte hören
kein Blick auf meine Beine oder Brust

den Hörer würd nicht der Gedanke stören:
Na, könntste mit der Alten oder hättste keene Lust?

Und dann, wenn ich mal furchtbar nötig müßte
vorausgesetzt, daß es schon dunkel ist
da hätt ich heimlich, wenn das jemand wüßte
ganz schnell an irgendeinen Baum gepißt.

Zu Hause würd ich stets das meiste Essen kriegen
ach Mensch, ich wünsch mir so, ein Mann zu sein
und auch im Bett da dürft ich immer oben liegen
und keiner sagte: Kommse, ich helf se in den Mantel rein.

Das ist mir immer peinlich, weil ich das alleine kann
und Feuer geb ich selber furchtbar gern
und Türaufhalten dürfte ich als Mann
und müßt mich nicht bedanken bei den Herrn.

Und schließlich würd ich alle jene mal verprügeln
die ihre Kinder mit in Kneipen zerrn
ich würd ihn' ordentlich eins überbügeln
wenn die besoffen lalln, sie hätten Kinder gern.

Das, was ich denk und sage, würde ernst genommen
weil niemand dächte, daß ein Weib nicht denken kann
und wär ich mit dem Auto mal zu Fall gekommen
hieß es nicht gleich: Laßt doch die Weiber nicht ans Steuer
    ran.

Ich hab genug von diesem kleinen Unterschied
ich will das gleiche machen wie der Mann
will, daß man einen Menschen in mir sieht
und daß ich wirklich gleichberechtigt leben kann.

Ach Gott, da müßte ich ja schließlich auch zur Volks-
    armee.
Na denn lieber nee?
Oder doch?
Und denn die kurzen Haare!
Na wärn ja bloß anderthalb Jahre!


1975

## Lied für Monika oder Brigitte

Wenn ick so früh zur Arbeit soll
da hab ick schon die Schnauze voll.
Ick hab mir det nich ausjesucht
Und jeden Tag hab ick verflucht.

Det war schon früher inne Schule so.
Nur wenn se aus war, war ick richtich froh
Denn konnt ick wirklich machen, wat ick will
ick konnte einfach laut sein oder still.

Ick muß bloß machn, wat die andern wolln
die sagn uns imma, wat wa machen solln.
Det is so lahm, am Band so rumzustehn
denn möcht ick imma irjendwo spazierenjehn.

Mich fracht ooch keener, wat ick jerne mache
nur meckern tun se, daß ick seltn lache.
Ick will ne Arbeit, die ick jerne mach
denn würd ick ooch am Morjen besser wach.

Und ick würd ooch nich spucken uff mein Scheff
wenn ick den abends uff de Straße treff.
Ick glob, ick könnte richtich freundlich sein
und zu mein Bruda nich so oft jemein.

Manchmal denk ick, da is vielleicht wat dran
wenn meine Mutta sacht, ick brauch een Mann
mit dem ick wirklich allet machen kann.
Bloß, meine Eltern nöln sich dauernd an.

Und wenn mein Vata meine Mutta haut
und wenn mein Bruda bei de Nachbarn klaut
und keener is zum andern richtich nett
denn möcht ick heulen abends in mein Bett.

In mein Kopp fühl ick mir janz alleene
und sone richtjen Freunde hab ick keene
ick sitz bloß rum und hab det allet satt
ick weeß nich weiter, sacht doch eener wat!

1975

Immer wieder

Immer wieder wollt ich glauben können
immer wieder hab ich Angst geträumt.
Mußtest wohl den falschen Namen nennen
und ich hab, was wahr ist, schon versäumt.

Deine Worte hast du mir zu schnell gesprochen
dein Gesicht hast du zu oft probiert.
Deine Augen haben mich zu oft zerbrochen
deine Hand hat mich zu kalt berührt.

Immer wieder wollt ich glauben können
immer wieder hab ich Angst geträumt.
Mußtest wohl den falschen Namen nennen
und ich hab, was wahr ist, schon versäumt.

1969

Wenn

Wenn der Herbst das letzte Blatt
aus den Bäumen weht
sterb ich meinen Tod so matt
hab ihn oft gefühlt.

Wenn der nächste Sommer geht
bin ich nicht mehr hier.
Wenn der Wind dann kälter weht
schlaf ich nicht bei dir.

Wenn der Kampf zuende ist
und die Wasser zu.
Wenn du schon ein andrer bist
dann erst hab ich Ruh.

1968

## Meine Tür

Schließt die Türen überall
in jeder Stadt, in jedem Land.
Schließt die Türen überall
in jedem Haus und jede Tür
schließt zu, es kommt ein Wind
schließt zu, daß er nicht find
schließt zu die Augen und
schließt zu das Ohr und auch den Mund.

Tags, wenn wir noch mutig sind
dann öffnet eure Tür dem Wind
tags, wenn alle Läden auf
dann macht euern Schlußverkauf.
Er schweigt, es ist noch Tag
er schweigt, weil er es mag
wenn er ins Dunkel tritt
nur nachts da macht er seinen Schnitt.

Schließt die Türen überall
schließt die Türen vor dem Wind
daß er euch nichts haben kann
daß er euch nicht sagen kann:
Ihr sterbt!

Und es ist ihm ganz egal
daß ich schreie tausendmal
trägt es lächelnd mit Humor
leise flüsternd in mein Ohr
sagt er: Du weißt es doch
und fragt: Weißt du es noch
du stirbst, ich singe dir
du stirbst! Und ich hab keine Tür.     1967

## Wie wird das sein

Wie wird das sein, wenn ich mal alt bin?
Da nehm ich, was ich krieg und kann nicht wähln.
So wird das sein und irgendwann komm ich dahin
und ich werd andern alten Leuten dann erzähln:

Die Beatles und Mick Jagger, das war noch Musik
auf einer Bank in irgendeinem Park
und werd mich ärgern, daß ich nicht die bessre Rente krieg
und mächtig rechnen muß mit jeder Mark.

Ich ruh auf dem, was ich gelebt hab
und eine Angst vor nichts macht mich verrückt.
Ich spare für die Enkel und fürn schönes Grab
die eignen Kinder haben sich verdrückt.

Ich sitz zu Hause, wart auf irgendwas
daß ich gesungen hab, ist längst vergessen
und ich bin glücklich über dies und das
wenn mal zum Beispiel meine Enkel bei mir essen.

Vielleicht werd ich auch manchmal in der Kneipe sitzen
und warten, daß da jemand mit mir spricht.
Nicht mal im heißen Sommer werd ich richtig schwitzen
ich werde langsam laufen, denn ich hab die Gicht.

Ich bin ein alter Mensch von andern alten Menschen
und eine Rolle spiel ich noch im Veteranenklub.
Was mit mir war, was ist, was ich gemacht hab
das alles liegt geordnet tief in einem Schub.

Ich seh die alten Leute in der Ackerhalle
wie sie verwirrt sind, wühln im Portemonnaie.
Sie ham vergessen, daß die Wechselmünzen alle
in der Maschine hinten liegen, was ich seh.

Und wenn ich selbstbewußt durch junge Straßen geh
nicht mal im Winter ist mir wirklich richtig kalt
und manchmal in den Fenstern mich im Spiegel seh
weiß ich genau: In ein paar Jahren bin ich alt!

1977

Es ist so wenig

Es ist so wenig, was ich hinterlasse.
Was bleibt von mir, wenn ich mal geh?
Mit Sicherheit wird bleiben, was ich hasse
auch, was ich liebte und des Winters Schnee.

Nur meine Kinder werden mich vermissen
und wer mich liebte kurze Zeit.
Es hat noch nie jemand das Herz zerrissen
und von der Einsamkeit befreit.

Als Kind hab ich geglaubt, ich wär unsterblich.
Ich wollte ewig sein und mehr
und alle liebten mich und waren zärtlich
nur selten träumte ich schwer.

Vielleicht ist es genug, daß ich gelebt hab
zu sehn, daß meine Zeit verrann.
Und meine Wärme, die ich manchmal hergab
ist, was ich hinterlassen kann.

1978

# Der Tod

Bis ins tiefste schwarze Wasser eingetaucht
kalt im Nebeldunst ertrunken
alle klare, blaue Luft verbraucht
und der Tod hat mir gewunken.

Hob ich meine weißen Hände beide
um den Himmel zu berühren
bis er glaubte, daß ich leide
kam, mich lautlos abzuführen.

Seine Augen waren kalte, leere Kammern
wächsern, ohne Farbe sein Gesicht
freundlich lächelnd, überhört mein Jammern
ich begreife, daß er mit mir spricht.

Und ich starr in seiner Augen Spiegel
langsam werde ich ihm ähnlich.
Er kam zu mir, um mich zu versiegeln.
Ich will schreien und erkenne mich.

1974

War

War ein kleines Rädchen im Getriebe
aber wollte ganz besonders sein
wünschte sich, daß man sie ihretwegen liebe
und war doch für alles Große viel zu klein.

Hat gedacht, wenn sie es schon nicht schaffte
lebend etwas Wichtiges zu sein
daß ihr Tod sie größer machte
wollt nicht länger nur Komparse sein.

Niemand hat der große Abgang interessiert.
Mancher hat gesagt und klug genickt
daß es eben öfter mal passiert
daß da jemand an sich selbst erstickt.

War doch höchstens vierundzwanzig Jahre
und Verkäuferin in der HO.
Und nun liegt sie hier auf dieser Bahre
und kein Mensch kann sich erklärn, wieso.

Lief sie doch in ihr Verderben
selber voller Ungeduld.
Von zuviel Tabletten kann man sterben
und kein Mensch hat daran eine Schuld.

Ihren Wohnungsantrag hat man registriert
doch es sollte noch ein Weilchen dauern
weil man solchen Antrag numeriert
sie sei Nummer Hundertsechs und zu bedauern.

Einmal hat ein Mann zu ihr gesagt
sie wär seine elfte Frau gewesen.
Traurig hat sie sich nachher gefragt
ob nun diese Nummer in ihr selbst gewesen.

Hat sie sich das Baby abgetrieben
hat sie nachher fürchterlich geheult
und man hat ihr ein Attest geschrieben
sie wär nicht die erste, dies bereut.

Warum hat sie immer so an sich geglaubt
wollt sie immer alles sein und war doch nichts.
Ach, es hat ihr den Verstand geraubt
daß da alles in ihr war und sah man nichts.

Um den Zeh, den großen, ist ein Faden
festgemacht und daran hängt ein Schild:
Nummer Vier, doch dieser ganze Laden
macht sie nun nicht mehr besonders wild.

Wollte niemals eine Nummer sein
und ist doch auf ihrem Zettel Nummer Vier.
War, solang sie war, mit sich allein
und ist immer noch alleine hier.

1974

Was ich nicht mehr will

Wie zwei Taube, Stumme
um die Wette
laufen sie und haben ihre Summe
erst am Ende ihrer Stätte.

Meine Hände sind erfroren
in den Haaren weißer Schnee.
Aufgegeben und verloren
wie ich durch die Wüste geh.

Bin ich nicht mehr, was ich war
Zeit zu gehen kommt mir still
und ich sage nun ganz klar
was ich nicht mehr will.

Über meinen Tränen weinen
um im Lachen zu ertrinken
hören, was die Vögel meinen
wenn sie mir im Mund versinken.

Ohne Flügel, ohne Schwanz
und der Schnabel hackt den Wind
roter Samt auf grünem Kranz
macht, daß wir gestorben sind.

1968

Er kam an einem Sonntag an
oder Theo, fahr nicht nach Lódź

Er kam an einem Sonntag an
und Himmel war, von wo er kam
und Sonne und Licht, und die Leute kannte er.
Er hatte allen Mut bei sich
und Hoffnung, und er freute sich
auf diese Stadt und den Himmel, den sie hat.

Er fuhr zu einem Zimmer hin
da warn ein Bett und Stühle drin
und größer war alles, viel größer als zu Haus.
Das Fenster ging nach hinten hin
am nächsten Tag war Lehrbeginn
ab morgen also sollte er zwei Jahre hier sein.

Er hatte sich viel vorgestellt
und nie geglaubt, daß ihm das fehlt
die Stille am Abend und das Hundegebell.
Er wollte in die Kneipen gehn
und endlich viele Leute sehn
mit denen man sich trifft und so richtig reden kann.

Zwar gabs ne Menge Leute hier
doch trank man da allein sein Bier
nicht wie in seinem Dorf, da wo jeder jeden kennt.
Die Hoffnung auf viel Weibervolk
hat sich inzwischen auch getrollt
die Disco ist zu laut, und er kommt an keine ran.

Wenn er am Morgen S-Bahn fährt
dann kommt er manchmal doch zu spät

weil er sich fürchtet, daß er im Gedränge mal erstickt.
Und dann im Wagen wird ihm heiß
er steht und atmet Staub und Schweiß
Die Leute sind nicht freundlich zueinander und zu ihm.

Er hat schon Angst vor seinem Haus
da gehn die Leute rein und raus
Und bleiben nicht stehn, um zu reden fehlt die Zeit.
Er will die ganze Stadt nicht mehr
sein Zimmer und sein Kopf sind leer
und jede Nacht zerschlagen ihm die Steine seinen Traum.

Die Stadt war viel zu eng für ihn
der Himmel reichte auch nicht hin
und nach nem halben Jahr wollte er nur noch nach Haus.
Er sehnte sich die Weite her
sich auszusprechen fiel ihm schwer
die Leute reden viel, aber keiner redet aus.

Er muß noch bleiben, bis er dann
die Lehre hier beenden kann
weil er sich doch verpflichtet hat, zu lernen in der Stadt.
Er kam an einem Sonntag an
er sagt, er geht kaputt daran
und weiß nicht mehr, ob er nochmal zurückgeht in sein
    Dorf.

Er kam an einem Sonntag an
und Himmel war, von wo er kam
und Sonne und Licht und die Leute kannte er.     1971

Paris


Paris, das sind die roten Dinger da
die über Läden hängen
und Cafés
Paris, das ist mein Herz
so ganz zerrissen
und meine Seele
die gespalten ist
Paris, das sind die Leute
die ganz anders sind
als die ich kenne
Paris ist Tag und Nacht
und hört nicht auf
Paris ist rot und schwarz
und weiß und grau und gelb
Paris, das ist, wo man nicht einfach hinkann
Paris ist Wachtraum, links und rechts
Paris ist, wo ich war und nicht mehr bin
Paris, das ist, wovon ich wieder träume
Paris, das ist, was wir nicht haben und nicht sind.

1978

Für meine weggegangenen Freunde

Wenn ich nach einer angstdurchträumten Nacht erwache
da kommt es manchmal, daß ich weinend lache
weil ich vermisse, was ich einmal hatte
die Schutzhaut, meine harte, meine glatte
die ist zerrissen und blieb irgendwo.

Es sind so viele von uns weggegangen
ach, hätte niemals niemand damit angefangen.
Trauer und Wut, das hat euch weggetrieben.
Mensch, wär das schön, ihr wäret alle hiergeblieben
bei euch, bei uns und auch bei mir.

Stille Statistik wird sich jetzt mit euch befassen
und doch habt ihr ein bißchen mehr verlassen
als euren Zorn und eure Bitterkeit
das Viel an Unrecht und Verlogenheit.
Da war noch andres, das lohnte, hier zu bleiben.

Ich meine alle, die euch wirklich brauchen
und jetzt in ihrer Trauer untertauchen
die euch noch folgen werden auf die gleiche Reise
und die hier bleiben, sterben still und leise
an euch, an uns und an sich selber auch.

Ich werde dieses Lied vielleicht nur summen
und eines Tages vielleicht ganz verstummen.
Schweigend und klein verbucht man die Verluste.
Ich weiß nur sicher, daß ich bleiben mußte
daß unsre Ohnmacht nicht noch größer wird.

1978

## Amerika

Hurra, hurra, hurra, hurra
denn ich darf nach Amerika
soll dort den Leuten singen
von unserm Kampf und Glück.
Und ich komm auch zurück
das weiß man doch von mir
ich bleibe gerne hier
weil ich hier leben kann
hab hier auch meinen Mann
und Platz im Kindergarten.
Was wird mich dort erwarten
ich bin so aufgeregt
hab mir ein Kleid genäht
und mich auch impfen lassen.
Ich kanns noch gar nicht fassen.
Was ist denn bloß mit mir passiert
warum bin ich privilegiert.
Die wissen sicher, ich bin ehrlich
und darum bin ich unentbehrlich
und darum darf ich fliegen
und werd auch Gage kriegen.
In vierzehn Tagen flieg ich schon
da kauf ich was für meinen Sohn
da geht mein lautes Telefon
und endlich ruft er an, der Mann
und sagt, daß ich nicht fliegen kann.
Mein Paß, den kriege ich zurück
ich glaub, ich werd vor Wut verrückt
weil ich nu doch nicht singen soll.
Am besten ist, ich sauf mich voll

ich frag ihn noch: Warum denn, Mann?
Er meint, daß ers nicht wissen kann.
Inzwischen, glaub ich, bin ich froh
und meine, es ist besser so
weil ich nu doch wie alle bin
das hat schon alles seinen Sinn
ja wirklich, das ist gar nicht schlecht
denn schließlich ist das nur gerecht
nu bleib ich hier, wie ihr.
Weil es hier doch am schönsten ist.

1973

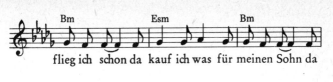

## Ich wollt ein Lied

Ich wollt ein Lied, ein Lied, DAS Lied und kanns nicht
   schreiben.
Ich weiß nicht mehr, was geht noch, und was geht nicht
   mehr.
Sing ich mein Glück und meine Freude, laß ichs bleiben
auch meine Wut, ließ ich mir sagen, paßt nicht her.

Komm ich wohin mit meiner Klampfe, um zu singen
da sitzen sie gespalten schon in zwei Partein.
Die erste will von mir, ich soll was Scharfes bringen
die zweite fordert, ich soll optimistisch sein.

Die eine Seite wirft mir vor, ich sei zu artig
Das ist der andern Seite wiederum zu frech.
Inzwischen bin ich mit den Nerven schon ganz fertig
kann man mal sehen, auch für Sänger gibt es Streß.

Ich steh dazwischen und kann keinen mehr bedienen.
Nu bin ich ganz konfus und find nicht mehr den Ton
und neulich ist mir schon der Liebe Gott erschienen
und hat gedonnert: Singe nur für deinen Sohn!

Da sind die einen mit Notizbuch und mit Ohren
die hörn auf Stellen und die hören nicht das Lied.
Auch für die andern geht beim Lied das Lied verloren
weil sie nur Spitzen hören wolln, schon aus Prinzip.

Für die mit ihrem Schreibblock bin ich der Zerstörer
die andern sehn in mir ein Opfer der Partei.
Ich taug zum Staatsfeind nicht und bin auch kein Ver-
    schwörer
und mein Martyrium ist höchstens, daß ich schrei.

Dabei wollt ich nur möglichst wahre Lieder schreiben
doch fürchte ich, daß das kein Schwein mehr interessiert.
Ich wollte singen und ganz einfach ehrlich bleiben
und darum steh ich jetzt so rum und bin frustriert.

Und doch, ihr schafft mich nicht, da bin ich mir ganz
    sicher
ich denk nicht dran, mich zu verliern in dem Geschrei
und jeder, der mein ganzes Lied zu hörn bereit ist
und solche gibt es ja, die helfen mir dabei.

Ich wünsche mir, ein guter Kommunist zu werden
und weiß auch, daß ich auf der richt'gen Seite steh
und darum nehm ich nichts zurück und singe weiter
von Widersprüchen und von Dingen, die ich seh.

Mensch, daß man schönfärbt bringt nicht weiter, tut nix
    nützen
da tret ich lieber ein'gen Leuten auf die Zeh.
Nu schreibt ruhig mit und macht euch wichtige Notizen
daß ihr da schreibt, das tut nichts, tut nur bißchen weh!

1976

Der Zug ist abgefahren

Der Zug ist abgefahren
der Bahnhof blieb noch hier.
Ich suche nach den Jahren
und finde nicht zu mir.

Das Gras zerbricht die Schienen
die blanke Messer sind.
Ich lege meine Minen
und werde langsam blind.

Der Donner, noch zu hören
verebbt und endet dann.
Es wird dich nie mehr stören
was man nicht hören kann.

1967

## Groß war es

Groß war es und unverständlich
deine Hände und dein Mund.
Dein Gesicht erschien mir so unendlich
küßte dir die Augen wund.

Jeden Menschen hielt ich nun für ärmer
wollte reden und verstehn
und die Nächte wurden für mich wärmer
glaubte ich doch, dich zu sehn.

Und das Meer wuchs in den blauen Himmel
meine Hand berührte ihn.
Auf dem Meer liegt nur noch grüner Schimmel
und die schwarzen Himmel ziehn.

Ist so klein und unverständlich
deine Hände und dein Mund.
Traurig, müde, leer begreif ich endlich
und ich weine ohne Grund.

1970

Laß uns unsern Abschied nehmen

Sag doch, was hab ich verbrochen
daß du jetzt so anders bist.
Was ist da in uns zerbrochen
daß du mich nun anders siehst.

Früher waren unsre Hände
warm und weich und gut.
Heute starrn wir auf die Wände
in uns wohnt die Wut.

Unsre Worte kriechen leise
und verzerrt aus unserm Mund
drehn sich in verkehrter Weise
machen zornig ohne Grund.

Und was damals für mich sprach
was du schön gefunden
scheint dir heute dumm und flach
kann dich nur verwunden.

Sicher bin ich noch die gleiche
und bin trotzdem nicht mehr so
daß ich dir die Hände reiche
mit dir rede, gut und froh.

Laß uns unsern Abschied nehmen
ohne Wut und ohne Haß
laß uns aneinanderlehnen
und dann trennen müd und blaß.

## Ich kann nicht mehr

Ich kann nicht mehr, ich bin am Ende
zu sehn, wie alles rings zu Steinen wird.
Die Wärme ist uns schon Legende
wir fassen nichts, wir haben uns verirrt.

Was wolln wir noch, wir sind verloren
was bleibt uns noch in diesem schwarzen Loch.
Wir wären besser ungeboren
und langsam sterben wir und leben doch.

Wir sind nur Puppen, die zu führen
es einer fremden Hand gelingt
und dennoch können wir es spüren
wie schrill und stöhnend unser Herz zerspringt.

So ist am Ende doch geblieben
was zu zerstören immer noch mißlang:
Ein Rest der Fähigkeit zu lieben
und Angst vor dem, was uns bis hier verschlang.

1978

Eh noch die Eiszeit ausbricht


Eh noch die Eiszeit ausbricht
ein letzter warmer Atemzug
ein Wort noch
ach das quillt schon
mit Nebelatem
in den kalten Tag
Der Mann da auf dem Bürgersteig
trägt Reif um seine Stirn
zwischen den Zähnen mahlt er langsam
aus Glas die Kugel
zu Dezemberstaub
Gott
eh die Nacht kommt
gib noch einmal Licht
ganz hell und heiß
eh die Armee von Feiglingen
die Sohlen ihrer Stiefel probt
im Schnee
Wo sind wir denn bloß hingekommen
Das Ungeborne übt
schon den Bückling
Wer schützt uns noch
und wie
vor uns?


1978

# Nimm deinen Segen nicht von mir

Nimm deinen Segen nicht von mir
laß deine Hände liegen
und deine Liebe und bleib hier
wenn alle Vögel fliegen.

Und wenn du in der Tür schon stehst
dann komm noch einmal wieder
und hör mich an, bevor du gehst
und höre meine Lieder.

Leg deine Hand auf mein Gesicht
so, daß mich niemand sieht
dann, Liebster, fürchte ich mich nicht
vor allem, was uns blüht.

Nimm deinen Segen nicht von mir
laß deine Hände liegen
und deine Liebe und bleib hier
wenn alle Vögel fliegen.

1969

## Ich bin kein guter Redner

Ein guter Redner bin ich nicht, jedoch ich bin ein Sänger
und darum sing ich meinen Text, und ich verschweig nicht
 länger
daß mir zum Heulen ist und schlucke meine Tränen
und singe doch, denn meine Trauer sollte euch beschämen.
Beschämen deshalb, weil ich glaube, es ist unsre Schuld
wenn wir uns unsre Wirkung klaun mit Ungeduld
wenn wir verlangen, jeder muß wie wir so denken
im andern Fall den Mund verbieten, Möglichkeit ver-
schenken
zu überzeugen den, der anders denkt, durch Sicherheit
durch Argument, Beweis und durch die Zeit
die mit uns ist, und die uns täglich stärker macht
und wenn wir Schwäche zeigen, weiß ich schon, wer lacht.
Das sind nicht wir, Genossen, das sind andre Leute
die brauchen unsre Schwäche und die freun sich heute.
Es wäre schön, wir könnten offen miteinander sprechen
und schön, würds uns nicht allzu oft am nötigen Mut
 gebrechen.
Doch manchmal glaub ich selbst an einen schlimmen Riß
und der wär ganz genauso da, wenn ich mir dieses Lied
 verbiß.

1976

## Ich steh auf ner Bühne

Ich steh auf ner Bühne und singe mein Lied
und bin sauer, wenn einer mich hörte.
Ich freu mich halbtot, wenn es andern was gibt
und möcht aufhörn, wenn keiner mich hörte.

Unter Mülleimern krame ich Texte hervor
übern Himmel sing ich, übers Meer
und ich brauch eure Augen und auch euer Ohr.
Manchmal denk ich: Hört ja doch keiner her!

Mann, dann hab ich ne Wut, weil ich weitersinge
und nicht einfach verschwinden kann
und so tun muß, als wäre ich guter Dinge
dabei kotzt mich das alles an.

Ich bin wütend, daß die lieber tanzen wolln
und der Kellner latscht klappernd herum
ich versteh nicht, daß ich für die singen soll
und dann halt ich sie einfach für dumm.

Dabei weiß ich genau, so blöd sind die nicht
vielleicht liegt das auch an mir
und das kommt wohl nicht nur von dem roten Licht
daß die tanzen wollen und Bier.

Hab gemerkt, daß ein großer Unterschied ist
zwischen dem, was ich singe und tu
daß es wirklich bedeutend einfacher ist
über Chile zu singen und über Peru

über Spanien, Vietnam oder Griechenland
als dort zu sein und zu kämpfen
und hätt ich ne Knarre statt Gitarre in der Hand
das würd meinen Pathos dämpfen.

Und dann finde ich blöd, daß mich so was stört
wie ein fehlendes Mikrofon
und die Sache, daß man nicht aufmerksam hört
und ich frag mich: Was mach ich denn schon?

Na, ich steh auf ner Bühne und singe mein Lied
auch dann, wenn mich etliches stört.
Und ich freu mich halbtot, wenn es andern was gibt
und sing lauter, wenn keiner mich hört.

1974

Ja, da hab ich noch gelebt
von Jiří Suchy
Aus dem Tschechischen nachgedichtet
von Bettina Wegner

Ich wußte wohl, die Luft war voller Kampf
und lachte doch und spuckte in den Wind
und es war meine Spucke und der Dampf
der aus dem Gras stieg, machte mich nicht blind.
Ich sah die Farben meiner Uniform
und war lebendig, warm und voller Lust
und meine Liebe kannte keine Norm
mein Herz schlug mutig gegen meine Brust.

Refr.: Mensch, da war ich noch am Leben
und deswegen heul ich eben
weil ich jetzt ein Toter bin
hab ein Loch im Kopf, bin hin
mittendurch durch meine Stirn
fand die Kugel in mein Hirn.

Jäh brach der Himmel nieder in die Knie
die Erde war besiegt und naß und rot.
Es war so still, so still war es noch nie
denn plötzlich spürten wir in uns den Tod.
Und ohne daß ein Wort gesprochen ward
verlor die Sonne ihren heißen Glanz.
Gott nahm die Hand von uns und strafte hart
und wir erhoben uns zum Totentanz.

Refr.: Mensch, da war ich noch am Leben
und deswegen heul ich eben
weil ich jetzt ein Toter bin
hab ein Loch im Kopf, bin hin

mittendurch durch meine Stirn
fand die Kugel in mein Hirn.

Ich hab vergessen und ich wußte nie
warum ich mitten reinflog in den Schuß.
Ich weiß nur noch, wie ich getroffen schrie
daß ich noch eine Weile leben muß
weil da zu große Liebe in mir sei
ach, es ist seltsam, denn die ganze Zeit
war dicht bei mir das Glück und ich war frei
von Angst und dieser dunklen Traurigkeit.

Refr.: Mensch, da war ich noch am Leben . . .

Es war so schlimm, von unsrer Kompanie
blieb nur ein schwarzer Klumpen noch zurück.
In diesem Modder stand ich bis zum Knie
und träumte von der Liebe und vom Glück.
Denn schließlich hatt' die Liebe Anteil ja
an diesem Tod, den ich im Feld erlitt.
Und wär ich nie geborn, wär niemals da
gäbs keine Kugel, die mein Hirn zerschnitt.

Nur, weil ich ein Leben kannte
kam es, daß mein Herz verbrannte.
Würd ich keine Liebe kennen
hätt ich auch nicht sterben können
und es hätt mich nicht zerrissen
als sie die Granaten schmissen.

1975

## Über die Unmöglichkeit von Gewaltlosigkeit

Nein, wenn einer meine linke Wange schlägt
halt ich ihm nicht noch die rechte hin
und es hat mich immer wieder aufgeregt
wenn ich irgendwann erniedrigt worden bin.

Und ich seh nicht ein, daß ich meinen Feind noch lieben
    soll
wenn der seine Waffe auf mich richtet.
Und ich halte es durchaus für würdevoll
wenn ein Sklave seinen Peiniger vernichtet.

Mensch, solange wir die Welt mit unsern Feinden teilen
darf man nicht mit bloßen Händen stehn
daß die Wunden der Erfahrung uns nicht heilen
und nicht schlimmre Wunden uns entstehn.

Glaub doch nicht, daß Götter Unschuld je bewachten
deine Feinde werden so ihr Ziel erreichen
wenn sie heute andre Völker schlachten
Mensch, begreif doch endlich, das sind deinesgleichen.

Wenn du glaubst, Verzicht auf Kampf wär höhere Ge-
    rechtigkeit
und du trägst dies alles mit Geduld
sollst du wissen, an der schlimmsten Grausamkeit
trägst du selber ja die größte Schuld.

1975

Es wird so sein wie im November


Ein Volk, das kämpfen will, wird siegen
und seine Feinde unterkriegen.
Kann sein, daß tausend Väter sterben
die Kinder werden Freiheit erben.

Es wird so sein wie im November
sei es auch Mai, sei es September.
Das wird ein Sturm sein ohnegleichen
wird jeden Punkt der Welt erreichen.

Das fegt den Schmutz weg und die Ketten
kann sich kein Unterdrücker retten.
Und rote Wolken werden ziehen
das blaue Meer wird rot erblühen.

Wir werden Tauben fliegen lassen
kein Mensch wird einen Menschen hassen.
Wir werden in die Himmel fliegen
und niemand fürchtet sich vor Kriegen.

Dafür focht man und starb schon immer
erbärmlich leben, das ist schlimmer
als wenn noch tausend sterben müssen
die später werden davon wissen.

Es wird noch heiße Kämpfe geben
doch unsre Kinder werden leben.
Sei es auch Mai, sei es September
es wird so sein wie im November.

1973

# Wärn meine Hände nicht so leer

Wärn meine Hände nicht so leer
und meine Lieder nicht in Moll
und meine Stimme nicht so laut
daß einem schon beim Hören graut
und ließe ich dich nicht allein.
Es wär so herrlich, gut zu sein.

Wünschte ich keinem hier den Tod
und brächte niemanden in Not
und risse fort die Trauer
und nähme ichs genauer
mit meinem lauten, kalten Nein.
Es wär so herrlich, gut zu sein.

Wären doch meine Lieder
nicht grau und immer wieder
so voll von Haß
ich wünschte das
und wär ich nicht mit mir allein.
Es wär so herrlich, gut zu sein.

1966

# Inhalt

Vorwort von Sarah Kirsch  7
Wenn meine Lieder nicht mehr stimmen  11
Meine Muse  14
Jede Stunde  15
Die Zeit-Uhr  16
Jan  17
Die Augen reden noch von gestern  18
Wenn du mir nicht mehr ins Gesicht siehst  19
Immer wieder eine Lanze werfen  20
Vielleicht für die Kollegen Musiker  22
Mach dir kein Bild  24
Ach, hätte meine Mutter  25
Der Eisenbahner  26
Die Weißen  27
Alle Vögel  28
Für ehemalige Kollegen  29
Der König und die Frösche  30
Lied vom Messer  32
Ich hab die Nacht geträumet  34
Und werden uns treffen  35
Die Feinde  36
Wenn wer die Freiheit predigt  37
Die drei heiligen Affen oder Nichts sehen, nichts hören,
    nichts sagen  38
Andalusien  39
Die beiden  40
Ghettolied  41
Er lag unter dem Baum  44
Der Andere  45
Schlaflied für Jakob  46

Schlaflied für Benjamin  48
Kinder  49
Ikarus  52
Ich will  53
Ene mene mopel  54
Für Klein Zaches von E. T. A. Hoffmann  55
Der Bucklige  56
Traum  57
Auf diesem Boden  58
Spruch fürs sozialistische Poesiealbum  60
Betty  61
Aus meinem Leben  63
Was ich noch sagen will  65
Die Worte  67
Gestern Heute Morgen  68
Für J. P.  69
Wo ist alle Wut geblieben  70
Magdalena  71
Bunter Vogel  74
Nie mehr  75
Ich weiß nicht weiter  76
Die Traurigkeiten  77
Auf der Wiese  78
Ach, wenn ich doch als Mann auf diese Welt
  gekommen wär  79
Lied für Monika oder Brigitte  82
Immer wieder  84
Wenn  85
Meine Tür  86
Wie wird das sein  87
Es ist so wenig  89
Der Tod  90
War  91

Was ich nicht mehr will 94
Er kam an einem Sonntag an 95
Paris 97
Für meine weggegangenen Freunde 98
Amerika 99
Ich wollt ein Lied 105
Der Zug ist abgefahren 107
Groß war es 108
Laß uns unsern Abschied nehmen 109
Ich kann nicht mehr 110
Eh noch die Eiszeit ausbricht 111
Nimm deinen Segen nicht von mir 112
Ich bin kein guter Redner 114
Ich steh auf ner Bühne 115
Ja, da hab ich noch gelebt 117
Über die Möglichkeit von Gewaltlosigkeit 119
Es wird so sein wie im November 120
Wärn meine Hände nicht so leer 122

# BETTINA WEGNER

Nicht verkrampft, aber emanzipiert. Nicht komisch, aber humorvoll. Nicht laut, aber stark und selbstbewußt. „Sind so kleine Hände", die LP von Bettina Wegner. In der DDR ein Star, von der Partei geduldet. Bei uns eine Sängerin, die seit Jahren überfällig war.

Hier ist das eindrucksvolle Debut. Sensibel, ehrlich, kritisch. Bettina Wegner. Jetzt kommt ihre Zeit!

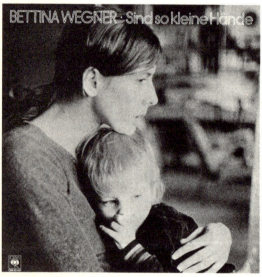

LP/MC „Sind so kleine Hände" CBS 83 507